Lk⁹ 512

DES PÉTITIONS

DEMANDANT

L'ÉMANCIPATION IMMÉDIATE

DES NOIRS

DANS LES COLONIES FRANÇAISES,

Par M. Jollivet,

MEMBRE DE LA CHAMBRE DES DÉPUTÉS.

> Le temps est, dans les affaires humaines, un puissant élément de succès ; il faut savoir s'en servir, et ne pas prétendre à faire en un seul jour aux Antilles ce que l'antiquité et le moyen âge ont mis des siècles à accomplir parmi nous.
>
> (*Esclavage et Traite*, par M. Agénor DE GASPARIN.)

Paris,

IMPRIMERIE DE GUIRAUDET ET JOUAUST,

RUE SAINT-HONORÉ, 315.

—

MARS 1847.

DES PÉTITIONS

DEMANDANT

L'ÉMANCIPATION IMMÉDIATE

DES NOIRS

DANS LES COLONIES FRANÇAISES,

Par M. Jollivet,

MEMBRE DE LA CHAMBRE DES DÉPUTÉS.

> Le temps est, dans les affaires humaines, un puissant élément de succès ; il faut savoir s'en servir, et ne pas prétendre à faire en un seul jour aux Antilles ce que l'antiquité et le moyen âge ont mis des siècles à accomplir parmi nous.
>
> (*Esclavage et Traite*, par M. Agénor DE GASPARIN.)

Dans la séance de la Chambre des députés du 4 mai 1844, *M. Guizot*, ministre des affaires étrangères, disait :

« Le système de l'abolition que recommandent les pétitions dont on vient de faire le rapport, l'abolition *immédiate, actuelle, en masse*, est tellement *impossible,*

1

que je ne sache personne dans cette chambre qui osât la proposer, etc.

» Si le gouvernement du roi ne la propose pas , c'est qu'il juge qu'elle *n'est pas possible* ; c'est qu'il juge qu'il y a , soit pour *les colons*, soit pour *les esclaves*, soit pour *la métropole*, des mesures à prendre pour *préparer*, pour amener, pour faire réussir l'émancipation. »

De nouvelles pétitions , récemment adressées aux Chambres, demandent *l'émancipation immédiate*, que le gouvernement du roi a condamnée comme impossible.

Elles excluent les *mesures préparatoires*, que le gouvernement a jugées indispensables.

La commission des affaires coloniales , présidée par M. le duc *de Broglie*, proposait de *décréter* l'émancipation ; mais elle ajournait *à dix ans* la mise à exécution de cette grande et difficile entreprise... Les pétitions rejettent tout délai , réclament l'émancipation à courte échéance , et pour ainsi dire à vue.

J'ignore si on passera à l'ordre du jour sur ces pétitions ou si elles seront renvoyées aux ministres; mais je ne crains pas d'affirmer , avec M. le ministre des affaires étrangères, qu'il ne se rencontrera pas dans les deux Chambres un seul membre qui s'associe aux vœux impatients des pétitionnaires.

Les pétitionnaires eux-mêmes ont la conscience que ces vœux ne peuvent pas être, ne seront pas accueillis.

Ils ont voulu *agiter* la question de l'émancipation , la mettre à l'ordre du jour.

De nouvelles discussions le lendemain du vote d'une loi (la loi du 18 juillet 1845) paraîtront sans doute inopportunes ; mais, puisque la question d'émancipation est posée devant les Chambres, je crois devoir la traiter au triple point de vue indiqué par M. le ministre des affaires étrangères : *préparation des noirs, préparation de la métropole, préparation des colonies.*

Je me propose de présenter d'abord l'historique de la question d'émancipation en France dans ces dernières années ; de rappeler la solution que le gouvernement et les Chambres lui ont donnée par les lois des 18 et 19 juillet 1845; de montrer l'esprit, le caractère, la portée de ces deux lois ; enfin de signaler les mesures préliminaires sans lesquelles l'émancipation serait, de l'aveu de M. le ministre des affaires étrangères, funeste aux colons, à la métropole et aux noirs.

HISTORIQUE.

Dans la session de 1838, le 9 février, M. H. Passy a fait à la Chambre des députés une proposition portant :

« Art. 1er. A dater de la promulgation de la présente loi, tout enfant qui naîtra dans les colonies françaises sera libre, quelle que soit la condition de ses parents. »

Cette proposition fut renvoyée à l'examen d'une commission : la commission, par l'organe de son rapporteur, M. de Rémusat, conclut au rejet.

On lit dans le rapport du 12 juin 1838 : « Il nous paraît suffisamment prouvé que l'abolition immédiate et complète de l'esclavage serait *prématurée*. »

La commission proposait (article 1er) « de déclarer dépenses de l'état les dépenses auxquelles donneront lieu les mesures destinées à *préparer* l'abolition de l'esclavage.

» Art. 8. Chaque année les lois de finances porteraient au budget de la marine et des colonies les sommes nécessaires, etc. »

La proposition de la commission ne fut point discutée ; mais le gouvernement, pour entrer dans la voie qu'elle indiquait, demanda, dans le budget de 1840, un crédit de 650,000 fr., destiné à faire face aux mesures *préparatoires*.

Dans la session de 1839, *M. de Tracy* reprit la proposition de *M. H. Passy*.

La commission chargée de l'examiner, ne tenant aucun compte des conclusions de la commission précédente, déclara, par l'organe de *M. de Toqueville*, son rapporteur, que les préparations jugées nécessaires pour que l'esclave passe de l'état d'esclavage à l'état de liberté sont *superflues*, qu'elles sont même *impossibles,* et en conséquence elle conclut à ce que le gouvernement soit tenu de proposer, dans la *session de* 1841 , un projet de

loi qui fixera l'époque de l'abolition générale et simultanée de l'esclavage dans les colonies françaises.

Avant de se décider entre deux commissions de la
Chambre des députés, qui déclaraient, l'une, que l'é-
mancipation était prématurée, qu'elle devait être précédée de préparations nécessaires ;

L'autre, que ces préparations étaient superflues et impossibles, le gouvernement a voulu s'éclairer.

Le 26 mai 1840, une ordonnance royale institua une
commission composée de quatre pairs de France, six
députés, deux amiraux, et du directeur des colonies. En
même temps le gouvernement consultait les conseils coloniaux et les conseils spéciaux.

Les conseils coloniaux des quatre colonies, de la Martinique, de la Guadeloupe, de la Guyane française et
de Bourbon, se sont prononcés contre l'émancipation.

Les conseils spéciaux, exclusivement composés de
fonctionnaires métropolitains, ont aussi repoussé l'é-
mancipation simultanée et immédiate.

L'émancipation immédiate a eu des partisans dans le
sein de la commission nommée par l'ordonnance du 26
mai 1840, dite *commission des affaires coloniales.*

C'est ce que nous apprend le rapport de M. le duc
de Broglie (1) :

« En proclamant l'émancipation, en commençant dès

____

(1) Page 149.

à présent l'émancipation, faut-il renoncer à toute idée de *préparer* les noirs au bon usage de la liberté par un *régime intermédiaire?* Faut-il leur donner la liberté complète, la leur donner sur-le-champ, sans transition ni ménagements, ou du moins ne se réserver que le temps nécessaire pour faire subir à la législation coloniale, aux établissements coloniaux, les changements qu'exige l'introduction du nouvel ordre de choses ? — Cette opinion hardie a été prononcée et soutenue dans le sein de la commission. »

Elle a été victorieusement combattue par deux membres de la commission: M. le vice-amiral *de Mackau*, aujourd'hui ministre; *M. Jubelin*, sous-secrétaire d'état de la marine et des colonies.

Dans la séance du 8 février 1841, M. le vice-amiral de Mackau disait :

« Il ne faut pas perdre de vue que, sous le rapport des préparations de toutes sortes et des moyens d'action du gouvernement, la Jamaïque, quoique la moins avancée de toutes les îles anglaises, était encore fort au delà de ce que sont nos possessions en ce moment (1). »

Dans la séance du 7 février 1842, répondant à M. *Passy*, *M. le vice-amiral de Mackau* insiste pour « qu'on ne perde pas de vue la différence capitale qui existe

---

(1) Procès-verbaux de la commission, 2ᵉ partie, page 86.

entre les noirs des colonies anglaises, tels qu'ils étaient au moment de l'émancipation, et les noirs des possessions françaises. Ces derniers, il faut le dire, ne sont guère plus avancés, sous le rapport moral et intellectuel, que ne l'étaient les noirs anglais à l'époque où Wilberforce commença à s'élever contre l'esclavage.

» On sait quels efforts intelligents ont été faits depuis lors par l'Angleterre pour instruire et civiliser la population esclave ; on sait quel concours puissant le gounernement anglais a trouvé, à cet égard, dans l'esprit religieux de la métropole et dans l'influence du clergé , ainsi que des sectes dissidentes. Rien de semblable n'a été fait jusqu'à ces derniers temps pour nos colonies ; et pour quiconque les a vues récemment, la population noire est si peu préparée à passer sans transition de l'esclavage à la liberté, que non seulement il n'y aurait aucune chance d'obtenir les résultats approchant de ceux qui ont suivi la libération des noirs anglais, mais *qu'il faudrait nécessairement s'attendre à des dangers, à des troubles, à des perturbations incalculables.* Pour ce qui concerne, par exemple, le travail des affranchis, il n'est pas douteux qu'il ne se réduisît immédiatement à la proportion des besoins du noir pour sa nourriture et son entretien ; et l'on sait qu'il y suffit avec l'emploi d'un jour sur sept. Il faudrait donc s'attendre à voir profondément altérée la principale condition de la production des denrées coloniales, et particulièrement du sucre. Par la même raison, la consommation des marchandises manufacturières irait en décroissant, *et le système général du commerce entre la France et les colonies se trouverait entièrement bouleversé* (1).

» Il ne faut pas s'aveugler sur l'énorme différence qui existe (sous le rapport de la préparation du noir) entre la situation de nos colonies et celle des possessions britanniques. Ce serait tromper le pays que de l'induire à croire à une similitude de préparation, sur l'illusion de laquelle des faits funestes ne tarderaient pas à l'éclairer (2). »

« Il ne faut pas se faire d'illusion, a dit **M. Jubelin** dans la séance du 14 février 1842, ni sur la limite à laquelle s'arrêteraient les dispositions réelles du noir pour le travail, ni même sur les garanties qu'on pourrait trouver dans la douceur naturelle de ses mœurs, sous le rapport du maintien de l'ordre. La tâche de l'autorité serait facile dans les colonies, à deux conditions : la première serait d'avoir une police beaucoup mieux organisée qu'elle ne l'est aujourd'hui, la seconde de ne pas contrarier la tendance des noirs à user largement des loisirs que la loi leur aurait faits ; et si on voulait contrarier en eux des instincts d'oisiveté qu'un régime de liberté ne ferait que développer, on pourrait soulever de leur part des résistances dangereuses, etc.

» On peut dire, sans espérer d'être démenti par les faits, *que la conservation partielle et très imparfaite du travail*

---

(1) **Procès-verbaux**, 3ᵉ partie, page 19. (2) *Ib.*, 88.

colonial est à peine le résultat le plus favorable qu'on puisse attendre de l'affranchissement général. Ce qui est arrivé ailleurs est loin d'atténuer ces prévisions. Sans parler de Saint-Domingue, qui, il faut en convenir, ne peut être cité comme exemple d'une expérience régulière du travail libre, qu'on voie ce qui se passe dans les colonies anglaises. Si la production s'est maintenue dans quelques unes, elle a énormément diminué dans d'autres; la moyenne générale de la réduction est de plus d'un tiers.

» Tout se réunit donc pour rendre nécessaire une extrême circonspection, quand il s'agit de lancer nos colonies dans la voie où sont entrées celles de l'Angleterre. On a paru disposé à se résigner, jusqu'à un certain point, au remplacement des grandes cultures coloniales par les petites cultures, pour lesquelles les noirs montreraient plus de penchant. Une telle manière de voir trouverait son application, s'il s'agissait de former dans nos colonies des sociétés nouvelles qui n'eussent pas pour but la création de produits agricoles, destinés à servir de base à un vaste commerce d'échanges avec la métro-

----

(1) Un comité d'enquête de la chambre des communes a déclaré dans son rapport « que la situation des colonies anglaises, depuis l'émancipation, si elle n'est pas désespérée, est loin d'être satisfaisante; il reconnaît que la détresse qui les afflige n'est que trop réelle, qu'il faut s'en occuper sans retard et chercher un remède, si toutefois il en existe qui puisse soulager efficacement une détresse aussi profonde. » (*Procès-verbaux de l'enquête,* in-folio; Introduction, page 4.)

pole ; mais telle est précisément l'essence de nos établissements coloniaux, des richesses y ont été créées,
des capitaux y ont été portés ; elles absorbent annuelle-
ment des produits métropolitains pour une valeur de
50 millions. Tous leurs intérêts sont étroitement liés à la
conservation des grandes cultures : si celles-ci étaient
sacrifiées, on sacrifierait d'un même coup la fortune
d'une grande partie des Français d'outre-mer, et *on
porterait à l'une des sources de la prospérité nationale
une atteinte profonde et peut-être irréparable.*

» En ce qui concerne l'état respectif des populations,
il faut bien le dire, quelle que soit la similitude générale
des mœurs de la race noire, la population esclave était
arrivée dans les colonies anglaises, en 1833, à un degré d'instruction et de civilisation qui la rendait bien
supérieure à celle de nos colonies. C'est ce dont on peut
se convaincre chaque fois qu'on voit des noirs anglais et
français en présence. Il est inutile de discuter sur les
diverses causes, bien connues, qui ont produit cette
différence. »

M. Jubelin se résume en déclarant *que, dans son
opinion, ni hommes ni choses ne sont prêts, dans les colonies, pour une mesure aussi radicale que l'affranchissement général et immédiat des noirs* (1).

Ainsi, tout en désirant sincèrement que l'esclavage
cesse aussitôt qu'il sera possible de le faire cesser,

---

(1) Procès-verbaux, 3ᵉ partie, pages 49 à 51.

M. *Jubelin* déclare qu'en ce moment solennel, où chacun des membres de la commission va s'associer par son vote à une proposition formelle et en accepter la responsabilité, *il recule devant l'idée de conseiller au gouvernement l'adoption d'un projet de loi qui fixe le jour et l'heure de l'émancipation générale à une époque si rapprochée* (1).

L'opinion de M. le baron de Mackau et celle de M. Jubelin ont une grande autorité, non seulement parce qu'ils sont ministre et sous-secrétaire d'état de la marine et des colonies, mais parce qu'ils ont été, l'un gouverneur de la Martinique, l'autre gouverneur de la Guadeloupe; qu'ils peuvent parler sciemment de pays où ils ont long-temps résidé, de populations qu'ils ont administrées.

« La commission des affaires coloniales n'a pas adopté la proposition d'admettre sans transition les noirs à la liberté complète (2). »

Mais la majorité crut devoir, malgré l'opinion de M. le vice-amiral de Mackau et de M. Jubelin, *fixer le jour et l'heure de l'émancipation générale.*

Le projet, adopté par neuf voix contre cinq, porte que l'émancipation générale des noirs dans les colonies françaises aura lieu *dix ans* après la promulgation de la loi.

---

(1) Dix ans. — Procès-verbaux, 3ᵉ partie, pages 373 et 374.
(2) Rapport de M. le duc de Broglie, page 164.

Le projet de la minorité de la commission déclarait libres les enfants nés de parents non libres depuis le 1er janvier 1838 et ceux qui naîtraient à l'avenir.

La commission des affaires coloniales a décidé que les *deux* projets de loi seraient soumis au gouvernement, avec indication des motifs qui avaient déterminé la Commission à recommander de préférence la première des deux combinaisons (1).

Cette alternative proposée au gouvernement prouve que la majorité de la commission n'avait pas une foi bien robuste dans *sa combinaison.*

L'un des membres de cette majorité, l'honorable *M. Bignon,* a motivé ainsi son vote :

« Toute compensation faite des inconvénients inhérents aux deux projets de loi, et *forcé que je suis d'opter entre eux,* je donne ma voix au système de l'émancipation simultanée (2). »

Un autre membre, l'honorable *M. Galos,* directeur des colonies, ne peut cacher qu'il éprouve, quant à l'option à faire entre les deux projets, une perplexité que justifiera sans doute, aux yeux de ses collègues, sa participation tardive à leurs travaux ; il se croit autorisé par cette considération à une plus grande réserve que

---

(1) Procès-verbaux, page 300. — (2) *Ibid.,* page 367.

les autres membres de la commission, et se prononce pour *le système simultané*, mais sous réserve de l'accomplissement de deux conditions essentielles, auxquelles n'a pas satisfait l'expérience anglaise, *la concurrence des travailleurs et le maintien des grandes cultures* (1). »

La minorité a-t-elle plus de confiance dans ses *combinaisons?*

Nous avons entendu *MM. Bignon* et *Galos*, membres de la majorité; écoutons *M. Wustemberg*, membre de la minorité.

M. Wustemberg ne peut se dissimuler la perplexité qu'il éprouve pour opter d'une manière formelle entre deux plans *dont aucun ne le satisfait et ne le rassure entièrement, car il trouve à l'un et à l'autre de graves inconvénients et des difficultés considérables.* Il ne saurait mieux caractériser sa disposition d'esprit à l'égard des deux projets de loi qu'en disant que, s'il avait à les adopter ou à les rejeter par la voie du scrutin, il les repousserait probablement tous les deux à la fois. Mais, en ce moment, ce n'est pas comme législateur qu'il faut

---

(1) Procès-verbaux, page 386.

Les conseils coloniaux n'ont pas dit autre chose ; ils ont tous déclaré qu'ils accueilleraient l'émancipation comme un bienfait, s'ils pouvaient croire au maintien de leurs cultures, à la possibilité du travail libre.

se décider; c'est un avis consultatif que le gouvernement demande et que les membres de la commission se
sont engagés à lui donner : il est donc nécessaire de
prendre parti et de se prononcer pour le principe de
l'un ou de l'autre système. Il se prononce, non sans beaucoup d'appréhensions, pour l'émancipation *partielle et
progressive* (1).

M. le marquis *d'Audiffret* se prononce également pour
ce système, parce que les intérêts des colonies et leurs
rapports avec la mère–patrie sont *moins* compromis dans
le système progressif que par le mode d'affranchissement
général (2).

M. le vice-amiral *de Mackau* déclare que, quel que
soit le mode d'émancipation adopté par la commission,
ce serait tromper les colonies et se tromper soi-même
que de dire que de pareils changements puissent se faire
sans des maux momentanés.

Il exprime le vœu que leurs souffrances soient cour-
tes, et qu'elles puissent du moins opter pour le meilleur
système, pour *celui qui les fera le moins souffrir* (3).

M. Jubelin déclare, comme *M. Wustemberg*, comme

---

(1) Procès-verbaux, 2ᵉ partie, pages 381, 383.
(2) *Ibid.*, page 373.
(3) *Ibid.*, page 100.

M. de Mackau, que ni l'un ni l'autre des deux projets de loi n'a son adhésion complète, et avoue que, si la commission avait en ce moment à émettre un vote législatif, *il croirait ne pouvoir donner sa voix ni à l'un ni à l'autre* (1).

Le gouvernement a demandé des conseils sur l'émancipation; tous les hommes pratiques lui ont répondu que le moment n'était pas venu de décréter l'émancipation dans les colonies françaises.

Il a demandé des projets de loi;

On a rédigé des projets de loi.

Mais les auteurs ont déclaré qu'ils les rédigeaient par obéissance.

Appelés à opter entre des projets divers, ils ont avoué qu'ils n'accordaient aux uns ou aux autres qu'une préférence relative; et finalement ils ont conseillé au gouvernement de n'adopter ni les uns ni les autres.

C'est le conseil que le gouvernement a suivi.

Le gouvernement a écarté le projet de loi de la minorité de la commission qui décrétait l'émancipation des enfants nés depuis 1838 et des enfants à naître.

Il a écarté le projet de la majorité de la commission qui décrétait l'émancipation générale *à jour fixe*, tout en ajournant l'exécution à 10 ans.

---

(1) **Procès-verbaux**, 1ʳᵉ partie, page 380.

M. le directeur des colonies disait dans la séance du 2 juin 1845 : « Il ne serait pas prudent de dire : A jour fixe nous ferons l'émancipation. »

Le parti pris par le gouvernement a reçu l'approbation de tous les hommes sages, de tous les hommes qui connaissent les colonies ; de M. Agénor de Gasparin lui-même, abolitioniste ardent, mais sincère.

On lit dans son livre sur l'*Affranchissement* :

« Décrétez l'émancipation des noirs, et vous décrétez un principe dont on ne peut retarder à son gré l'application. Annoncer l'émancipation en masse, c'est l'accomplir à moitié. Toutes les pensées se fixent sur cette grande mesure. Les espérances des uns, l'effroi des autres, ne laissent pas au gouvernement, jusqu'à l'accomplissement définitif, une seule journée de repos ; on ne condamne pas long-temps une société à cette attente. Elle ne vit pas paisiblement vingt années avec ce glaive de Damoclès suspendu sur sa tête.

» On vient de semer un principe, on récolte des conséquences : car ces conséquences grandissent vite. On croyait entrer à peine dans la carrière, et déjà on touche le terme fatal où le refus devient impossible, où il faut émanciper à tout hasard cette société sans lumières, sans Dieu, sans famille, sans habitudes d'économie et de travail. »

LOIS DES 18 ET 19 JUILLET 1845.

LEUR ESPRIT, LEUR CARACTÈRE.

Le gouvernement a présenté à la Chambre des pairs, dans la séance du 14 mai 1844, un projet de loi contenant :

« Une série de mesures ayant pour but de *préparer* la population noire à la liberté et d'établir les conditions principales du *régime intermédiaire* par lequel les noirs seront *préparés* à prendre place dans la société coloniale. »

On lit encore dans l'exposé des motifs la déclaration formelle : « que la pensée des Chambres, comme celle du gouvernement, est d'écarter tout mode de libération *immédiat et absolu.* »

Le rapport à la Chambre des pairs du 3 juillet 1844 s'associe à cette pensée. L'honorable rapporteur, M. *Mérilhou,* s'exprime ainsi :

« Une émancipation générale et simultanée jetterait tout à coup une population immense dans les dangers de l'oisiveté et frapperait subitement la source de la production.

» Une émancipation graduelle et progressive n'amènera à la liberté que des hommes préparés pour cette grande transformation. »

2

Dans le cours de la discussion (séance du 3 avril),
M. le ministre de la marine et des colonies a dit :

« Je ne crois pas avoir besoin d'exposer ici les raisons
qui ont déterminé le cabinet à s'abstenir de prendre
une résolution sur une des questions de l'époque la plus
ardue, la plus complexe, et le plus en contact avec nos
intérêts politiques, commerciaux et financiers.

» Ce que je veux bien établir quant à présent, c'est
que, la résolution étant prise de n'adopter, pour le moment, ni l'un ni l'autre des deux projets de la commission des affaires coloniales, il restait au gouvernement
un devoir à accomplir, c'était de reprendre, en deçà de
tout système d'émancipation, l'œuvre d'amélioration et
de progrès que lui avaient léguée les administrations
précédentes.

» Nous avons la ferme conviction qu'en deçà *comme
au delà* des mesures que nous proposons il y aurait
dommage, trouble et *agitation, pour la société coloniale;*
que nous sommes dans le juste et dans le vrai ; et que
nous faisons aux divers éléments dont cette société se
compose la part que commandent la prudence et la
bonne politique. »

M. le président Barris, membre de la commission,
séance du 10 avril :

« L'émancipation par la voie de l'action gouverne-
mentale, par la voie de catégories résultant d'une dispo-

sition de la loi, aurait trouvé fort peu de faveur dans le sein de la commission ; mais nous avons pensé qu'il fallait arriver à un résultat que nous *sommes encore loin de pouvoir atteindre :* changer la condition des esclaves avant de songer à en faire des hommes libres, ne pas substituer à 100 mille travailleurs 100 mille vagabonds. »

M. de Barante, séance du 9 avril :

« Durant l'émancipation graduelle, les mesures recommandées par toutes les opinions, l'instruction religieuse, l'adoucissement de la discipline, *prépareront* les colonies à une époque de complète émancipation ; *époque indéfiniment reculée,* et que, *pour le dire franchement, l'opinion française n'appelle pas encore.* »

M. le comte de Montalembert, séance du 7 avril :

« J'accepte avec satisfaction cette loi, comme un moyen de faciliter *l'initiation* des noirs aux deux bases de la société : la famille et la propriété. »

M. le comte Portalis, séance du 8 avril :

« Quel est l'objet du projet de loi ? *Préparer* l'abolition pour qu'elle s'effectue sans secousse et sans compromettre les trois grands intérêts qui sont engagés dans cette grande mesure, à savoir : celui de la liberté, celui des colons, celui de l'état. »

Le projet de loi adopté par la chambre des députés, tel qu'il avait été voté par la chambre des pairs, sans amendement, n'a pu changer ni de caractère ni de nature.

On lit dans le rapport du 22 mai 1845 :

« Le projet de loi contient une série de mesures transitoires considérées comme nécessaires pour *préparer* l'esclave à la liberté. »

M. le sous-secrétaire d'état des colonies, séance du 2 juin :

« Convaincu que l'émancipation générale, immédiate, est *impossible* (sensation), nous avons dû adopter un système mixte de transition. »

M. le Directeur des colonies :

« Je crois que la loi sera parfaitement jugée si on la considère comme une loi de transaction et une loi de transition :

» Loi de transaction entre les opinions extrêmes, les opinions qui ne veulent pas et les opinions qui veulent tout; loi de transition, puisqu'elle mène au but *lentement,* mais d'une manière sûre et ferme. »

M. de Carné, membre de la commission, séance du 31 mai :

« L'émancipation progressive réalisera sans péril, par un mouvement continu, ce que l'Angleterre a fait d'une manière trop précipitée.

» Je crois qu'il y a *péril dans l'émancipation simultanée*. Je préfère *la lente* prudence du projet de loi à cette glorieuse aventure (1). »

M. *d'Haussouville*, rapporteur du deuxième projet de loi :

« Le premier projet se propose *d'initier* les personnes non libres à cette liberté dont le jour ne leur est pas encore officiellement annoncé, mais vers lequel il les achemine, et dont il s'efforce avant tout de les rendre dignes, etc.

» Nos réformes, étant *moins promptes*, auront moins d'éclat; mais leurs résultats seront plus conformes à l'équité, et par là même plus durables. »

Le *pécule légal* et le *rachat forcé* sont les deux plus importantes dispositions de la loi du 18 juillet 1845.

Elles contiennent tout un système d'émancipation. La

---

(1) M. de Gasparin, dans son livre *Esclavage et Traite*, avait dit : « Les affranchissements en masse, à jour fixe, sont inconciliables avec les garanties personnelles, et par là même ils sont condamnés à n'être que des témérités, que le succès peut couronner quelquefois, sans les absoudre. »

commission de la Chambre des pairs n'en voulait pas d'autre ni dans le présent ni dans l'avenir, et *M. le Ministre des affaires étrangères* lui-même déclarait (1) :

« Que, s'il était possible, ce qu'il ne croyait pas, d'arriver à l'émancipation totale de l'esclavage par la voie du pécule et du rachat forcé.....

» Ce mode d'émancipation serait le meilleur, puisqu'il dispenserait de toute intervention fâcheuse et onéreuse de l'état... »

S'il y avait dissidence entre la commission de la Chambre des pairs, qui voyait dans l'institution du pécule et du rachat forcé *une solution complète et définitive de la question*, et le gouvernement, qui laissait entrevoir la nécessité d'une solution ultérieure *dans un temps plus ou moins long* (2), du moins y avait-il accord parfait sur l'importance du pécule et du rachat, sur la nécessité de les laisser fonctionner et d'en attendre les résultats.

M. le rapporteur s'exprimait ainsi dans le supplément du rapport de la commission de la Chambre des pairs du 3 mars 1845 :

---

(1) Séance du 11 avril 1845.

(2) Paroles de M. le ministre de la marine et des colonies, séance de la Chambre des députés du 2 juin 1845.

« Par la combinaison du *pécule* établi sur une plus large échelle et du *rachat* devenu un droit légal, nous avons aplani à l'esclave la route qui doit le conduire à la liberté par le travail et l'économie. Ainsi, *au lieu de jeter dans la vie sociale une multitude indigente et paresseuse*, la loi projetée appellerait au bienfait de l'émancipation des hommes préparés d'avance, par des habitudes laborieuses, à cette grande transformation. »

M. le ministre des affaires étrangères (1) :

« Quel est le nœud, le nerf de la loi que la Chambre discute en ce moment?

» C'est *le rachat forcé*. La loi est faite pour donner vigueur et efficacité au rachat ; elle établit la formation du pécule, puis l'administration libre dans une certaine mesure du pécule, puis enfin le rachat forcé à la suite de la formation du pécule.

» Non seulement vous voulez établir le rachat forcé, mais vous voulez l'encourager. Pourquoi? Parce que c'est un bon mode d'émancipation, parce que ce mode *d'émancipation successif, long, individuel*, a en lui-même un grand mérite. »

Dans l'exposé des motifs à la Chambre des députés du

_____

(1) Chambre des pairs, séance du 11 avril.

19 avril 1845, M. le ministre de la marine et des colonies disait :

« Par l'effet du projet de loi, la perspective de l'affranchissement apparaîtra à la masse de la population noire comme la *récompense du travail*, de l'ordre et de la bonne conduite, qui recevront ainsi le plus salutaire encouragement. »

M. Agénor de Gasparin, qui a pris une grande part à la discussion du projet de loi, disait, dans la séance du 30 mai :

« J'accepte le principe de la loi. Oui, l'affranchissement par le *rachat* est un principe excellent, civilisateur ; oui, c'est par le travail volontaire qu'il faut arriver au travail libre ; c'est en provoquant le déploiement spontané de l'activité de l'esclave que vous le transformerez en ouvrier ; mais il faut que ce grand principe soit appliqué avec énergie pour qu'il produise ses fruits.

» Sans doute, il est dur, je le sens, de dire à des esclaves : « Vous vous rachèterez » ; mais c'est ainsi que la liberté est arrivée dans le monde, et il en est encore ainsi de nos jours : les serfs de la Hongrie parviennent à la liberté par le rachat. »

Le rachat par le pécule étant le but indiqué et accepté de la loi du 19 avril 1845...

Je le demande, ne faut-il pas laisser à la loi le temps d'atteindre son but ?

Le pécule peut-il se former dans un jour ?

Oui, s'il est le produit de la débauche et du vol.

Non, si le pécule est, ce qu'il doit être, le fruit du travail et de l'économie.

Pour que l'esclave ait intérêt à former son pécule, il faut que pendant une longue période de temps il ne puisse arriver à la liberté que par le rachat au moyen du pécule.

C'est l'essence même de ce mode d'émancipation *successif, long, individuel* (1).

Si l'esclave a l'espoir d'un affranchissement prochain, d'un affranchissement en masse, d'un affranchissement gratuit, il renoncera à former un pécule ; il se gardera, dans tous les cas, d'employer son pécule à racheter sa liberté... Il attendra que l'état la lui donne.

L'annonce seule d'une émancipation prochaine paralyserait le pécule et le rachat, qui, suivant l'expression de M. le ministre des affaires étrangères, sont le *nœud* et le *nerf* de la loi du 18 juillet 1845.

Les pétitionnaires, en demandant l'émancipation immédiate, semblent dire au gouvernement et aux chambres : Nous ne regardons pas votre loi comme une œuvre sérieuse.

S'ils la regardaient comme une œuvre sérieuse, n'attendraient-ils pas qu'elle fût exécutée ?

---

(1) Ministre des affaires étrangères.

En demanderaient-ils l'abrogation avant qu'on ait rendu les ordonnances, les décrets coloniaux qui doivent en assurer l'exécution?

Proposeraient-ils de renoncer à ces *mesures prépara-toires*, sans lesquelles (M. le ministre des affaires étrangères l'a déclaré) l'émancipation serait funeste à la métropole, aux colonies et aux noirs ?

Si les pétitionnaires ne se préoccupent ni des intérêts de la métropole, ni des intérêts des colonies, du moins seront-ils plus sensibles au sort des noirs?

S'ils n'ont confiance ni dans M. le Ministre des affaires étrangères, ni dans M. le Ministre de la marine et des colonies, ni dans les membres des deux chambres, qui ont déclaré que la liberté actuelle serait pour les noirs de nos colonies un présent funeste, peut-être seront-ils plus disposés à écouter le président de la Commission des affaires coloniales, M. le duc de Broglie (1) :

« En donnant dès aujourd'hui la liberté complète aux noirs de nos colonies, leur condition dans les premiers temps en serait certainement très empirée.

» La liberté complète des esclaves implique, en effet, la liberté complète des maîtres, c'est-à-dire l'absence de toute obligation de part et d'autre; c'est-à-dire en-

---

(1) Rapport de la commission des affaires coloniales, p. 151 et 152.

core la nécessité pour les esclaves de se suffire à eux-mêmes. Qu'on voie dès lors ce qui ne peut manquer d'arriver dans les premiers temps.

» Les négresses, en général, sont abandonnées par les hommes qui les ont rendues mères ; cela est inévitable sous un régime de promiscuité, de concubinage universel. Une négresse prête d'accoucher n'est qu'un fardeau, personne ne s'en chargera. Sans assistance dans les derniers mois de leur grossesse, sans asile au moment de leurs couches, sans secours dans le mois qui suit, beaucoup d'entre elles succomberont ; celles qui ne succomberont pas contracteront des infirmités incurables et qui les mettront hors d'état de gagner leur vie à l'avenir.

» Les enfants sont toujours abandonnés par les pères, ils le sont quelquefois par les mères ; plus grand sera le dénuement des mères, plus fréquent sera l'abandon : combien en survivra-t-il ?

» La plupart des noirs passent leurs journées au travail et leurs nuits dans la débauche : leurs journées au travail, parce qu'ils ne peuvent faire autrement ; leurs nuits dans les débauches, parce qu'ils sont insouciants et corrompus.

» Quand ils auront la libre disposition de leurs jours, qu'en feront-ils ? Beaucoup en feront ce qu'ils font de leurs nuits : ils déserteront en masse leurs ateliers ; ils jetteront là houe et pioche, comme des symboles de servitude ; ils encombreront les villes et les ports : *cela est arrivé partout ;* ils dissiperont rapidement le peu qui leur sera resté du produit des petits jardins qu'ils n'auront plus, des petits champs qui leur auront été retirés; puis les meilleurs chercheront à gagner péniblement leur vie en se livrant à la pêche, en rendant çà et là quelques services domestiques; le plus grand nombre aura recours à la mendicité, à la déprédation; il faudra les punir, les envoyer aux travaux publics, à l'atelier de discipline, c'est-à-dire *les remettre en esclavage sous des conditions plus rigoureuses.*

» Ne recevant guère l'enseignement religieux, d'ailleurs ne suivant guère la pratique du culte que comme forcés et contraints, quand ils ne seront plus ni contraints ni forcés, plus de culte, plus d'enseignement; le peu qu'ils ont appris ils l'oublieront promptement, ils tomberont dans un abrutissement complet.

» Cela est inévitable pendant un temps plus ou moins long, pendant un temps d'autant plus long que les esclaves sont plus mal préparés à la liberté, et les nôtres, comme on l'a vu, le sont très mal; les hommes ne se réforment pas d'un coup de baguette; les caractères, les mœurs, les penchants, les habitudes, ne se réforment qu'à grand'peine; la liberté ne fait point de miracles, c'est un précepteur rude, inexorable, qui corrige par le besoin et par la misère, par la souffrance et par la mort (1)! »

---

(1) L'affranchissement des noirs a eu lieu à Maurice le 31 mars 1839, et déjà la population affranchie a diminué d'un tiers !

Si, de l'aveu du duc de Broglie, les noirs ne sont pas préparés à recevoir la liberté, l'état n'est pas mieux préparé pour la leur donner.

MESURES PRÉLIMINAIRES.

M. le duc de Broglie dit, dans son rapport (1) :

« On satisferait pleinement aux règles de l'équité et aux espérances de tous les colons raisonnables en leur assurant :

» 1° *Un délai suffisant* pour mettre ordre à leurs affaires et libérer leurs propriétés obérées;

» 2° Un système de nature propre à garantir efficacement, après l'émancipation, *le maintien du travail, la continuation des cultures;*

» 3° Un *bon prix de leurs sucres,* un prix stable et régulier sur le marché de la métropole;

» 4° Une *indemnité* égale, ou à peu près égale, à la valeur vénale de leurs noirs.

I. *Délai préparatoire.*

» Tout établissement qui n'existe qu'à titre de privilége, lorsqu'il survit aux circonstances qui l'ont produit, aux idées qui l'ont protégé, tout régime excep-

____

(1) Page 236.

tionnel auquel on signifie qu'il a fait son temps, a droit, en thèse générale, d'obtenir terme et délai avant de retomber sous le niveau de la loi commune. Cela paraît juste en soi, cela est souvent nécessaire ; il est rare qu'on puisse, sans inconvénients graves, rompre brusquement avec le passé. *On ne saurait rien réformer, on ne saurait rien transformer du jour au lendemain* (1). »

Ces maximes prudentes ont été professées et pratiquées par l'Angleterre.

Le chef du parti abolitioniste anglais, M. *Buxton*, disait dans la chambre des communes :

« Nous ne demandons pas l'émancipation soudaine, mais des mesures préparatoires qui conduisent par degrés, et avec l'aide du temps, l'esclave à la liberté, après qu'il y aura été disposé et qu'il sera digne d'en jouir. »

Sir *R. Peel* tenait le même langage dans la séance de la chambre des communes du 3 juin 1833 :

« Avant d'émanciper les esclaves, il faut les préparer à l'émancipation en les éclairant, en les accoutumant à la vie civilisée ; il faut relâcher leurs liens avant de les briser, si l'on veut la sécurité des blancs et le bonheur même des noirs. »

---

(1) Rapport de M. le duc de Broglie.

Le gouvernement anglais a mis en pratique ces conseils de prudence, et ce n'est qu'après de longues et soigneuses préparations qu'il s'est décidé à émanciper les esclaves dans ses colonies d'Amérique.

La traite avait été abolie par un acte du parlement dès 1807 ; en 1823 seulement, la chambre des communes a adopté une résolution proposée par M. Buxton et amendée par Canning ; elle portait :

1° Qu'il est à propos de prendre des mesures pour améliorer la condition des esclaves dans les colonies anglaises ;

2° Que ces mesures doivent avoir pour objet de moraliser les esclaves et de les préparer à la participation des droits civils ;

3° Que la chambre désire atteindre ce but à une époque rapprochée, mais choisie de manière à ne compromettre ni la sûreté des colonies, ni les droits des propriétaires, ni le bien-être des esclaves.

Dix ans ensuite, en 1833, le bill d'émancipation fut présenté à la chambre des communes.

Et l'émancipation a eu lieu de fait le 1er août 1838, 31 ans après la suppression de la traite.

C'est donc une population pour ainsi dire anglaise qui a été émancipée en 1838.

Dans les colonies françaises, la traite n'a été effectivement et définitivement abolie que depuis la loi du 4 mars 1831.

La continuelle infusion d'Africains, tout à fait barbares, au sein de la population créole, a rendu plus difficile et plus lente l'action morale de la civilisation dans les ateliers (1).

Mais peu à peu la race africaine s'éteint, et avec elle les dernières traces de la barbarie (2).

Lorsqu'il se sera écoulé trente ans depuis la suppression de la traite, les populations seront toutes créoles, parlant notre langue, élevées dans notre religion et beaucoup plus propres à la liberté.

Les pétitionnaires, ne se rendant ni à l'autorité des hommes d'état anglais et français, ni à l'exemple de l'Angleterre, ne tenant aucun compte des différences qui existent entre les colonies anglaises et les colonies françaises, demandent l'émancipation immédiate, que la commission des affaires coloniales avait été d'avis d'ajourner à 10 ans.

II.

« La commission des affaires coloniales recommande un système de mesures propres à garantir efficacement,

---

(1) Rapport de M. de Rémusat à la Chambre des députés, du 12 juin 1838, p. 19.

(2) Rapport de M. de Tocqueville, p. 490 et 500.

après l'émancipation, *le maintien du travail libre, la continuation des cultures.* »

La question du travail libre des noirs, dans les colonies françaises, est un problème d'une solution difficile.

Dans les colonies, à quelques exceptions près, le problème est regardé comme insoluble. Nous ne citerons point les avis des conseils coloniaux que les abolitionistes tiennent pour suspects.

Mais nous dirons que les conseils spéciaux, composés des gouverneurs et fonctionnaires nommés par la métropole, ont partagé les opinions des conseils coloniaux sur l'impossibilité ou l'extrême difficulté d'établir le travail libre dans les colonies françaises.

Je me bornerai à rappeler la délibération du conseil spécial de la Martinique.

M. le contre-amiral Duval d'Ailly, gouverneur :

« Je pense que, sans entrer dans des détails qui se présenteront plus tard dans leur ordre, le conseil doit émettre une opinion sur une question qui, suivant moi, domine toutes les autres : *la possibilité ou l'impossibilité de garantir le travail de la terre dans les colonies, après le passage des esclaves à l'état de liberté.* »

M. le procureur général pense, comme M. le gouverneur, qu'avant de se livrer à l'examen d'un projet, le conseil pourrait émettre son avis sur la question important tante du travail libre.

M. l'ordonnateur, appelé à donner son opinion , s'exprime dans les termes suivants :

« Ainsi qu'on vient de le dire , la question vitale , la seule dont la solution puisse réaliser ou anéantir les espérances de l'émancipation, est celle de savoir si le gouvernement, en concédant la liberté aux esclaves , est apte à garantir la continuation du travail dans les colonies. Pour ce qui me concerne , je suis loin de le penser. Si l'Angleterre, avec la force de ses lois et les ressources de ses finances, n'a pu obtenir, sous ce rapport, que des résultats éphémères ; si la culture dans ses colonies est menacée au point qu'on doive recruter à grands frais des cultivateurs dans toutes les parties du globe ; la France , avec des lois plus douces, avec moins de richesses et peut-être moins de persévérance , avec son administration paternelle et tolérante , ne peut arriver qu'à des résultats encore plus fâcheux. *On se flatterait en vain, il faut savoir le dire : aux yeux de ceux qui connaissent les colonies, et qui ont été à même d'étudier longuement les mœurs de la race noire, l'administration française paraît inhabile à garantir le travail après que l'affranchissement des esclaves aura été décrété.* Sous ce rapport nous n'avons pas à nous préoccuper ici des opinions qui peuvent exister en France ; ce serait mettre une entrave à nos délibérations, et ravir à la commission des affaires coloniales des renseignements précis qu'elle est en droit d'attendre de notre expérience locale et de notre impartialité. Le gouvernement du roi nous a demandé la vérité tout entière : nous la lui dirons sans aucune réserve ; et, après l'accomplissement de ce premier devoir, nous en accomplirons un autre, en recherchant franchement et loyalement les moyens de réaliser l'émancipation des esclaves en ménageant autant que possible tous les intérêts. Je crois donc qu'en principe le Conseil doit considérer, comme sa principale obligation, celle d'éclairer le gouvernement du roi sur l'immense responsabilité qui se rattache à l'acte dont on poursuit la réalisation, et qui touche au cœur l'existence des colonies, l'industrie manufacturière et agricole de la France, son commerce et sa puissance navale (1).

» La possibilité du travail libre : Tel est le point culminant de la question.

» Si la solution du travail libre était facile et la démonstration évidente, je crois fermement qu'il ne se trouverait pas un homme sensé qui ne voulût devancer l'époque de l'émancipation : car nul ne peut vouloir maintenir ou prolonger l'esclavage pour l'esclavage même (2).

---

(1) Délibérations et avis du Conseil spécial de la Martinique, page 5.

(2) *Ibid.*, page 231.

» Malheureusement je ne vois jusqu'ici aucun système *qui puisse garantir le travail;* tous les systèmes *le promettent*, mais sans indication de moyens.

» Entre cette promesse et son effet, on doit rencontrer une lacune immense, à laquelle il paraîtrait qu'on n'aurait pas encore songé.

» Il a plus, je ne crois pas qu'il soit possible de formuler un système qui remplisse la condition essentielle et radicale du travail garanti, s'il modifie immédiatement le régime actuel. Cette conviction peut n'avoir pas encore pénétré les esprits bienveillants et justes qui, en France, cherchent de bonne foi le moyen d'améliorer le sort moral et politique de la race noire, en lui concédant la liberté; mais elle est à peu près unanime parmi ceux qui ont étudié attentivement, sur les lieux, les individus sur lesquels doit agir la loi d'émancipation; et il ne serait pas nécessaire de descendre jusqu'aux esclaves pour trouver des éléments nouveaux de cette pénible conviction: l'étude de la population affranchie suffirait pour la rendre complète.

A part quelques exceptions honorables, quiconque a étudié la race noire ne peut méconnaître l'impuissance de la loi à l'égard du travail libre, sous l'influence d'une paresse innée, d'un penchant irrésistible aux impressions des sens, d'un climat énervant, et en présence d'un sol qui satisfait si aisément aux besoins de la vie. Comment ne pas reconnaître cette vérité, au sein de cette masse d'ouvriers inactifs à côté de l'industrie languissante qui les invite en vain au travail continu? Mais le travail est ce qui leur coûte le plus au monde ; leur bien-être est dans l'oisiveté, même au risque de quelques privations. D'ailleurs, si un ou deux jours de travail leur suffisent, ils n'iront pas au delà, étrangers qu'ils sont encore aux besoins de la famille, insoucieux qu'ils sont de l'avenir.

» *A l'égard des esclaves, le régime actuel, adouci par la législation nouvelle et par les mœurs du temps, est le seul moyen possible pour obtenir même un travail modéré* (1). »

MM. le directeur de l'intérieur et *l'inspecteur colonial* expriment un avis conforme.

Le Conseil manifeste son opinion *unanime* sur cette question préalable.

Enfin, pour se résumer, *le Conseil déclare que dans sa conviction la plus intime, et quel que soit le mode d'exécution que l'on adopte, il lui paraît impossible que le gouvernement puisse garantir le travail libre, après l'émancipation des noirs, au moyen de mesures législatives ou administratives compatibles avec les mœurs et les opinions de l'époque.*

L'avis du conseil spécial de la Martinique est aussi

---

(1) **Délibérations et avis du Conseil spécial de la Martinique**, p. 221 et 222.

l'avis des autres conseils spéciaux et de tous les hommes qui connaissent les colonies.

Les abolitionistes de la métropole, s'ils croient à la possibilité du travail libre, sont du moins disposés à reconnaître que les noirs affranchis abandonneront, pour la plupart, la grande culture; que cet abandon causera un grand dommage aux colonies, et par contre-coup à la métropole.

La commission des affaires coloniales avoue le danger, et, pour le parer :

« Elle propose d'aller droit à la racine du mal;

» Elle propose d'imposer pendant cinq ans à tout affranchi (même après l'affranchissement général) l'obligation de s'engager sur une habitation de la colonie, où il serait tenu de résider (1). »

C'est là un palliatif; ce n'est pas un remède efficace.

Si la commission n'attend pas des noirs affranchis le travail libre, si elle leur impose pendant cinq ans l'obligation du travail, qui garantira la continuation du travail après les cinq ans?

Du reste, quelque opinion qu'on ait sur la possibilité ou l'impossibilité du travail libre dans les colonies françaises, tout le monde s'accorde sur les difficultés de

____

(1) Rapport, p. 320.

l'obtenir;... tout le monde se préoccupe des moyens de surmonter ces difficultés.

Ce qui est dans les préoccupations de tous est pour le gouvernement un devoir impérieux.

Il a déclaré qu'il n'y faillirait pas.

M. le ministre de la marine et des colonies disait, dans la séance de la chambre des députés du 2 juin 1845 :

« Ce qui ne nous occupe pas moins, ce qui n'est pas moins important que la condition indispensable d'une arge indemnité, quand il sera question de l'émancipation, c'est *l'organisation du travail libre.*

» Le gouvernement ne pouvait pas prouver d'une manière plus évidente combien le besoin d'organiser le travail, d'y appeler un plus grand nombre de bras, le préoccupe vivement, que par la présentation qu'il a faite à la Chambre, immédiatement après le projet qu'elle discute en ce moment, d'un deuxième projet de loi qui a pour but à la fois d'appeler au travail de la terre dans nos colonies *des hommes libres de tous les pays, et plus particulièrement ceux qui déjà y habitent,* et de les appeler au travail dans les établissements, sur les habitations que régissent les dispositions spéciales, et dans lesquels nous nous efforcerons d'introduire toutes les méthodes de culture les plus propres à réussir dans nos possessions lointaines. »

Le projet de loi auquel M. le ministre de la marine et

des colonies fait allusion est devenu la loi du 19 juillet 1845.

Elle lui ouvre un crédit de 120,000 fr. pour l'introduction d'ouvriers et cultivateurs européens aux colonies.

Un crédit de 360,000 fr. pour la formation, par voie de travail libre et salarié, d'établissements agricoles servant d'ateliers de travail et d'ateliers de discipline.

M. le ministre de la marine, dans son exposé des motifs, disait :

« Ce crédit est trop modique pour que vous y voyiez autre chose que l'intention de faire *un essai ;* nous vous rendrons compte de ses résultats.

» S'ils sont satisfaisants, on pourra s'occuper de compléter une œuvre que, dès à présent, nous considérons comme une sage mesure de prévoyance. »

Cet essai, qui, s'il réussit, doit amener la solution du grand problème du travail libre, intéresse au plus haut point les colons.

Ils le suivent avec anxiété, ils désirent ardemment le succès : car, ainsi qu'on l'a dit avec raison, nul ne peut vouloir maintenir l'esclavage pour l'esclavage ; et tous les colons s'associent sans réserve à cette profession de foi de l'un de leurs conseils coloniaux : « Nous élèverions des autels à celui qui abolirait l'esclavage, s'il pouvait nous garantir le travail libre ! »

La loi du 19 juillet 1845 promet l'introduction d'ouvriers et de cultivateurs européens aux colonies.

Voyons ce qui a été fait à cet égard.

Le compte rendu au roi, en mars 1846, apprend (1) :

« Que *vingt* travailleurs européens ont été envoyés à la Guadeloupe, sur la demande de M. Paul Daubrée; qu'après constatation du départ de ces *vingt* travailleurs, embarqués au Havre en novembre 1845, une somme de 6,000 fr. a été payée à M. Paul Daubrée.

» Tel a été le premier emploi du crédit ouvert par le § 1ᵉʳ de la loi du 19 juillet.

» Le 20 septembre, l'agent de la *Compagnie des Antilles* pour la fabrication du sucre a réclamé l'allocation des frais de passage en faveur de *huit* travailleurs destinés au service des usines que la compagnie possède à la Guadeloupe. Le paiement de l'allocation a eu lieu.

» Enfin *deux* passages sont en ce moment en voie de concession pour des ouvriers destinés à une usine fondée à la Trinité (Martinique) par MM. Gastel et compagnie, et qui doit fournir aux appareils à vapeur des sucreries les moyens de réparations nécessaires.

» Ces *trois* demandes sont les seules qui se soient jusqu'ici produites avec un caractère sérieux et raisonné. »

M. le ministre de la marine et des colonies n'ayant

---

(1) Page 37.

pas encore publié son compte-rendu au roi pour l'année 1846, je ne puis constater d'une manière officielle le nombre de travailleurs envoyés dans nos colonies dans le cours de cette année.

Mais je sais qu'il est minime.

Je sais que les vingt ouvriers demandés par *M. Daubrée* ont *tous* déserté l'usine centrale à laquelle ils étaient attachés ; que les uns sont employés dans les douanes, les autres dans la police, les autres ont été rapatriés.

Je sais que pas un *cultivateur* européen n'a été envoyé dans nos colonies, quoique l'objet du crédit voté par la loi du 19 juillet 1845 soit l'introduction d'ouvriers et *cultivateurs* européens.

Le gouvernement avait annoncé qu'il formerait, par voie de travail libre et salarié, des établissements agricoles servant d'ateliers de travail et d'ateliers de discipline. La loi du 19 juillet 1845 lui a ouvert à cet effet un crédit de 360,000 fr.

Dans son compte-rendu de mars 1846 (1)

M. le ministre de la marine et des colonies fait connaître qu'il a été empêché d'exécuter la loi *à la Martinique*, parce que les deux habitations domaniales où il se proposait de former ses établissements agricoles, d'expérimenter le travail libre et salarié, étaient affermées ;

---

(1) Page 39.

« Qu'il en résultait, soit pour la résiliation des baux, soit pour leur renouvellement sur des bases entièrement conformes aux vues du gouvernement, une situation litigieuse qui n'est pas sans gravité, et dont il a à examiner toutes les conséquences avant d'engager son département dans aucune opération effective. »

Cette situation litigieuse subsiste encore aujourd'hui (mars 1847), et les baux, du moins en ce qui concerne la principale habitation (l'habitation de Saint-Jacques), n'ont pas été résiliés.

Il existe à la Guadeloupe une habitation domaniale dite *le Marigot*; je ne sache pas que le gouvernement l'ait approprié à ces essais de travail libre.

Il n'existe point d'habitation domaniale à Bourbon; il paraîtrait que le gouvernement se serait enquis de la possibilité d'en acheter une.

Du reste, M. le ministre de la marine et des colonies déclare, dans son compte-rendu, « qu'il a invité messieurs les gouverneurs des colonies à leur transmettre divers documents et renseignements qui ne lui sont parvenus encore qu'en partie,

Et constate que le fonds de 360,000 fr. alloué par la loi du 19 juillet 1845 est resté *intact*. »

Il en est à peu près de même du fonds de 120,000 fr. alloué pour l'introduction des travailleurs et cultivateurs européens aux colonies.

C'est une bonne fortune pour le trésor.

Mais on conviendra que la question du *travail libre*

n'a pas avancé, puisque les *essais* ne sont pas encore commencés.

M. le Ministre de la marine, dans la séance du 2 juin 1845, avait promis d'appeler au travail dans nos colonies *des hommes libres de tous les pays.* Pour tenir sa promesse, il avait envoyé aux îles Canaries M. le contre-amiral Montagnès de La Roque, avec mission d'étudier la question de l'émigration pour les colonies françaises des travailleurs de ces îles. Malheureusement le *Caraïbe*, navire de l'état, qui portait le contre-amiral Montagnès de La Roque, est perdu, et les études n'ont pu être faites.

M. Lefèvre, voyageur actif, intelligent, a été chargé par M. le Ministre de la marine de se rendre en Abyssinie, et de conduire *deux cents* Abyssins libres dans nos colonies ; mais M. Lefèvre n'est point encore parti (1).

Je n'entends adresser à ce sujet aucun reproche au gouvernement.

Je connais les difficultés qu'il rencontre ; mais, s'il n'y a jusqu'à présent que des projets d'essai et des intentions d'étude, l'organisation du travail libre dans les colonies françaises est toujours à l'état de problème...

Et puisque le gouvernement veut avec raison résoudre le problème du travail libre avant de détruire le tra-

---

(1) Au moment où l'émancipation eut lieu dans les colonies anglaises, une seule de ses colonies, l'île Maurice, avait importé 30,000 cultivateurs indiens.

vail forcé, il est permis de conclure que l'émancipation des noirs, demandée par les protectionnistes, doit être long-temps encore ajournée.

M. le Ministre de la marine avait promis (1) « d'appeler au travail de la terre plus particulièrement les hommes libres qui déjà habitent les colonies. »

Ici je crois être en droit de reprocher à M. le Ministre de la marine de n'avoir pas accompli sa promesse; parce qu'indépendamment de sa promesse, la loi lui imposait une obligation qu'il a méconnue.

Le texte de la loi du 18 juillet 1845 et les discussions qui l'ont précédée justifient ce reproche.

On comptait dans les colonies, au 31 décembre 1842, 40,610 noirs affranchis depuis 1830 (2). Aucun d'eux ou presque aucun ne se livre aux travaux de la culture.

C'est ce fait déplorable qui explique et motive la répugnance des colons contre l'émancipation; ils craignent, et le passé leur dit de craindre, que le travail ne cesse dans les colonies le jour où le travail ne sera plus obligé.

« Les effets qui se sont produits dans le passé, a dit M. le président Laplagne-Barris, membre de la commission de la Chambre des pairs (3), les résultats fâcheux,

---

(1) Séance de la Chambre des députés du 2 juin 1845.

(2) *Tableaux de population* publiés par M. le ministre de la marine et des colonies en 1846, page 30.

(3) Séance du 10 avril 1845.

il faut en convenir, de cette multitude d'affranchis jetés
dans le sein de nos colonies, sans fortune, sans moyen
d'existence, et avec une aversion presque universelle
pour le travail qui contribue le plus à la prospérité des
colons, pour le travail rural, a déterminé la commission
à vouloir soumettre l'affranchi à la nécessité d'un engagement de travail pendant un nombre d'années déterminé. »

La commission voulait que l'affranchi continuât à travailler pendant cinq ans *chez son ancien maître.*

M. le ministre des affaires étrangères et M. le ministre de la marine et des colonies voulaient que l'affranchi
pût choisir l'habitation sur laquelle il travaillerait.

Mais le gouvernement, comme la commission, voulaient que l'affranchi contractât un engagement sérieux,
un engagement de cinq ans,

Voici les termes de la loi, article 5, § 5 :

« Toutefois l'esclave affranchi, soit par voie de rachat
ou autrement, sera tenu, pendant cinq années, de jus-
tifier d'un engagement de travail avec une personne de
condition libre. Cet engagement devra être contracté
avec *un propriétaire rural*, si l'affranchi, avant d'acqué-
rir la liberté, était attaché comme ouvrier ou laboureur
à une exploitation rurale.

» Cet engagement ne sera valable qu'après avoir été
approuvé par la commission instituée par le § 2 du présent article. »

Les gouverneurs et procureurs généraux de nos quatre colonies avaient entendu cet article en ce sens : que l'esclave qui voulait se racheter devait, après avoir fait fixer le prix du rachat par la commission, présenter à la même commission l'engagement de cinq ans, et ne pouvait obtenir sa patente de liberté qu'après que l'engagement avait été jugé valable et approuvé.

M. le ministre de la marine et des colonies a entendu autrement l'art. 5 de la loi du 18 juillet 1845. On lit dans son compte-rendu au mois de mars 1846 (1) :

« J'ai donné à M. le gouverneur les explications les plus catégoriques sur la nature de cette clause , et j'ai rappelé que dans aucun cas il n'est permis d'en exiger des noirs l'accomplissement *avant* de leur avoir conféré la liberté. J'ai pourvu à ce que les commissions de rachat , investies tout à la fois du soin de prononcer sur la valeur des noirs et d'apprécier la validité des engagements , ne soient jamais autorisées à user de cette seconde attribution que *postérieurement* à l'exercice de la première et à la déclaration de la mise en liberté de l'esclave. »

Cette interprétation de l'article 5 est contraire à son esprit et en détruit l'efficacité.

____

(1) Page 26.

L'engagement de cinq ans était, comme le prix , une des conditions de l'affranchissement, et l'affranchissement ne devait être prononcé qu'après que la commission instituée à cet effet aurait décidé que ces deux conditions avaient été remplies.

On lit dans le *Moniteur*, séance de la chambre des pairs du 10 avril :

« *M. le ministre des affaires étrangères* : Imposez à l'esclave affranchi l'obligation , s'il veut quitter son maître, D'ABORD de contracter un engagement avec un autre propriétaire rural , puis de faire approuver, sanctionner cet engagement.....

» *M. le ministre de la marine et des colonies* : C'est ce que nous voulons.

» M. *le ministre des affaires étrangères* : Si cet engagement était un acte qui ne fût pas sérieux , contracté avec un homme qui ne fût pas un véritable propriétaire rural, la commission ou le juge royal dirait à l'esclave : *Retournez chez votre maître , travaillez-y* jusqu'à ce que vous produisiez un véritable engagement de travail de cinq ans avec un propriétaire sérieux.

Il est regrettable que M. le ministre de la marine et des colonies , après avoir donné son approbation aux paroles de M. le ministre des affaires étrangères , les ait ensuite oubliées ;

Qu'il ait prescrit de délivrer la patente de la liberté *d'abord,* et d'exiger l'engagement de cinq ans *ensuite,* lorsque le gouvernement avait promis d'exiger l'engagement de cinq ans *d'abord*, et de *renvoyer l'esclave travailler chez son maître*, s'il ne justifiait pas d'un engagement *préalable*, comme condition de son affranchissement.

Cela est d'autant plus regrettable, qu'il eût été facile d'obtenir un engagement sérieux avant l'affranchissement ; que cela devient difficile, pour ne pas dire impossible, après ;

Qu'en fait aucun des esclaves qui se sont rachetés en vertu de la loi du 18 juillet 1845 n'ont contracté ou du moins exécuté l'engagement prescrit.

Le conseil des délégués a adressé sur cette question un mémoire à M. le ministre de la marine et des colonies, et il espère qu'il donnera de nouveaux ordres à ses gouverneurs et procureurs généraux pour que l'art. 5 soit exécuté conformément à son véritable sens, tel qu'il avait apparu à M. le ministre des affaires étrangères et à lui-même.

L'art. 16 de la loi du 18 juillet 1845 porte :

« Tout individu âgé de moins de 60 ans, qui ne justifiera pas, devant l'autorité administrative, de moyens suffisants d'existence, ou bien d'un engagement de travail avec un propriétaire ou chef d'entreprise industrielle, ou bien de son état de domesticité, sera tenu de travailler dans un atelier colonial qui lui sera indiqué.

» En cas de refus de déférer à cette injonction, il pourra être déclaré vagabond, et puni comme tel, dans chaque colonie, suivant les lois qui y sont en vigueur.

» Une ordonnance royale pourvoira à l'organisation dudit atelier, et aux autres mesures nécessaires, pour l'exécution du présent article. »

L'ordonnance royale n'est pas rendue.

Les conseils coloniaux ni le conseil des délégués n'ont été appelés à donner un avis sur cette ordonnance.

Les ateliers ne sont donc point organisés. Rien ne permet de prévoir l'époque à laquelle cette organisation aura lieu, l'epoque à laquelle on prendra les mesures nécessaires pour l'exécution de cet article.

Ainsi on n'a point encore donné, on est loin de pouvoir donner aux colons la garantie que, suivant la commission des affaires coloniales, ils ont droit de demander :

« Un système de mesures propres à garantir suffisamment, après l'émancipation, le maintien du travail et la continuation des cultures. »

Rien n'est fait pour l'organisation du travail libre dans les colonies, et les pétitions demandent que le travail obligé y cesse immédiatement !

III.

La troisième garantie que les colons ont droit d'exiger, que l'*équité* ne permet pas de leur refuser, c'est, suivant la même commission (1) :

« Un bon prix de leurs sucres, un prix stable et régulier sur le marché de la métropole. »

On lit dans le rapport de M. le duc de Broglie (2) :

« L'émancipation, avec quelque ménagement qu'elle soit conduite, entraînera nécessairement un certain degré de perturbation dans le travail colonial. La production en souffrira plus ou moins. La production en souffrira moins, nous l'espérons, qu'elle n'en a souffert dans les colonies anglaises; mais enfin, dans les premiers temps, elle diminuera.

» Il sera indispensable, pendant les années du régime intermédiaire, d'assurer aux colons un prix de leur denrée un peu supérieur au strict nécessaire; il faudra leur procurer une certaine aisance, ne fût-ce que pour les aider à libérer leurs propriétés; il faudra, pendant et après l'émancipation, faire porter en partie sur les consommateurs les résultats de la perturbation que cette grave mesure apportera momentanément au travail colonial.

» Introduire l'émancipation sans être en mesure de dominer jusqu'à un certain point le marché national,

____

(1) Rapport de M. le duc de Broglie, p. 236.
(2) *Ibid.*, p. 255, 256, 257, 258, 259.

et de faire supporter aux consommateurs une certaine part des difficultés momentanées que l'émancipation fera naître, ce serait envers les colons une extrême injustice.

» Entreprendre l'émancipation dans la confiance que, le moment venu, on sera toujours maître de subordonner l'industrie indigène à l'industrie coloniale, de grever celle-ci pour soulager celle-là, d'imposer à l'une de grands sacrifices pour assurer à l'autre un avantage modéré, ce serait une extrême imprudence. Quand une fois on a pris l'engagement de protéger les deux industries, non pas également peut-être, mais dans des limites déterminées, il ne faut pas se flatter que, pour déplacer ces limites, il suffira de le vouloir.

» Sous ce premier point de vue donc la législation actuelle ne semble guère conciliable avec l'une des conditions essentielles de l'abolition de l'esclavage, savoir : la nécessité de tenir, pendant un certain nombre d'années, le droit protecteur de l'industrie coloniale à un taux assez élevé pour que les colons puissent trouver dans le prix de leurs produits un certain dédommagement aux difficultés nouvelles que subira la production.

» On ne saurait guère imposer aux colons les embarras d'un régime transitoire, en les laissant exposés aux hasards de cette lutte désespérée..... Ce serait trop de moitié. »

Cette obligation de la métropole vis-à-vis de la colonie lui est d'ailleurs imposée par la nature même de leurs rapports.

La France exporte aux colonies ses vins, ses farines, ses tissus, ses objets manufacturés, les produits de son agriculture.

Il est interdit aux colonies de se procurer ces objets à l'étranger ; en sorte qu'elles sont obligées de les acheter plus cher, et souvent de les avoir moins bons.

Les colonies sont contraintes d'apporter sur le marché de la métropole tous leurs produits, à quelques exceptions près pour des objets de minimes valeurs ; elles ne peuvent exporter leurs produits sur des marchés étrangers.

La métropole, dans l'intérêt de sa marine, a défendu d'exporter les produits coloniaux sur les navires étrangers ; la navigation française étant une des plus dispendieuses, les colons sont forcés de payer un prix plus élevé que s'il leur était permis de recourir à la navigation étrangère.

La métropole, dans l'intérêt de ses manufactures, interdit toutes les industries manufacturières aux colonies pour le commerce d'exportation, à l'exception de quelques articles qui sont admis à ce qu'on appelle le *privilége colonial.*

Quand la métropole impose à ses colonies la nécessité d'accepter ses produits, à l'exclusion de tous autres ; quand elle exige que les produits coloniaux soient apportés chez elle ; quand elle a plus qu'un privilége sur les marchés coloniaux, quand elle en a le monopole,... n'est-il pas juste qu'en retour, la seule industrie qui fait vivre les colonies, l'industrie du sucre, ait un privilége sur les marchés métropolitains?

La métropole, loin de donner un privilége au sucre colonial, a long-temps traité le sucre indigène en privilégié.

Le sucre indigène, grâce à la protection dont il a été entouré, a grandi et menacé d'expulser le sucre colonial du marché métropolitain.

Le gouvernement a dû intervenir, et, dans l'intérêt de ses colonies et de sa marine, il a proposé l'interdiction du sucre indigène, avec indemnité pour les fabriques existantes.

L'égalité d'impôt ne lui a pas paru une solution définitive. M. le ministre du commerce, dans l'exposé des motifs du 11 janvier 1843, disait avec raison : « Si le sucre indigène résistait au principe de l'égalisation des tarifs, on verrait se renouveler la lutte actuelle, avec toutes les complications, tous les dangers qui l'accompagnent. »

Un amendement de *MM. H. Passy* et *Dumon,* adopté par la Chambre, remplaça l'interdiction par l'égalisation progressive de l'impôt.

M. Dumon, aujourd'hui ministre des travaux publics, disait :

« On reproche au sucre indigène d'envahir le marché métropolitain, d'exclure la production coloniale, de diminuer les transports de notre marine. Nous sommes d'accord avec nos adversaires, *cette tendance existe ;*

il faut y porter remède, et nous espérons le faire par notre amendement. »

L'amendement n'a point arrêté le développement du sucre indigène et sa tendance à expulser le sucre colonial du marché métropolitain.

La commission de la chambre des députés, favorable au sucre indigène, sentait la justice de laisser au sucre colonial, sinon la totalité, du moins une partie de ce marché. Elle avait, en conséquence, formulé un projet de loi qui devait limiter la production annuelle du sucre indigène à 30 millions de kilogrammes.

La production a dépassé de beaucoup cette limite de 30 millions, et, quant à l'amendement de MM. Dumon et Passy, qui est devenu la loi du 2 juillet 1843, il a complètement manqué son but.

Les chiffres officiels en font foi.

La campagne de 1843 à 1844 a donné. . . . . 27,868,000 kil.
de 1844 à 1845. 36,457,000
de 1845 à 1846. 32,947,206
Enfin la campagne de 1846 à 1847, qui n'était pas encore terminée, avait déjà donné au 1er mars 1847. . . . . 44,565,869 kil.

La production indigène s'est accrue malgré l'accroissement de l'impôt, et, quoiqu'elle ait payé dans la der—

nière campagne un impôt égal (à 5 fr. près) à l'impôt
que paie le sucre colonial, la production indigène est
presque double de ce qu'elle était de 1843 à 1844.

Elle est plus menaçante que jamais !

Est-ce là une bonne situation pour prononcer l'émancipation des noirs dans les colonies, émancipation qui,
de l'aveu de M. le duc Broglie :

« Avec quelque ménagement qu'elle soit conduite,
entraînerait nécessairement un certain degré de perturbation dans le travail colonial, ferait souffrir plus ou
moins et réduirait la production? »

La redoutable concurrence du sucre indigène per-
mettrait-elle de réaliser les promesses de la commission
des affaires coloniales ? « d'assurer aux colons un prix
de leurs sucres supérieur au strict nécessaire, de leur
procurer une certaine aisance » ?

Ce n'est pas moi qui le dis, mais M. le duc de Broglie :

« Imposer aux colons les embarras d'un régime transitoire en les laissant exposés aux hasards de cette lutte
désespérée, *ce serait trop de moitié !* »

Quant au parti à prendre à l'égard des sucres indigènes :
la suppression, la limitation, la surtaxe, la diminution
du droit sur le sucre colonial, etc., etc., je répéterai
encore, avec M. le duc de Broglie : « C'est au gouver-

nement qu'il appartient de choisir entre les moyens d'arriver au but. »

Mais il y a nécessité de choisir, et de choisir un moyen sûr.

L'industrie sucrière est la seule industrie, l'industrie vitale aux colonies.

Si elle souffre, les colonies souffrent; si elle dépérit, les colonies périssent. Et je ne puis m'empêcher de rappeler les paroles de M. de Tocqueville, rapporteur de la commission de la Chambre des députés :

« L'émancipation sera d'autant plus facile, la transition d'un état à l'autre d'autant plus paisible et plus courte, que les propriétaires du sol seront plus riches.

» Tout devient difficile si l'émancipation s'opère au milieu de leur gêne, tout devient périlleux si elle commence au milieu de leur ruine. Il n'y a qu'une société coloniale prospère qui puisse aisément supporter ce passage de la servitude à la liberté. »

La société coloniale est menacée de ruine par la concurrence du sucre indigène... Et c'est le moment choisi par les pétitionnaires pour demander l'émancipation !

IV.

La quatrième garantie d'une bonne émancipation, suivant la commission des affaires coloniales, c'est *une indemnité égale ou à peu près égale à la valeur vénale des noirs* (1).

On lit dans le rapport de M. le duc de Broglie (2) :

« Les noirs sont dans nos colonies la propriété des blancs. Les noirs jusqu'ici sont esclaves : les blancs sont leurs maîtres. La loi le dit ; et, tant que cette loi subsistera, ce genre de propriété sera inviolable comme tout autre. Aucun maître ne pourrait être privé au nom de l'état, et dans un intérêt public, d'un ou de plusieurs de ses noirs, si l'état ne s'était mis préalablement en règle vis-à-vis de lui, si les formalités exigées n'avaient pas été remplies, s'il n'avait été offert au propriétaire un équivalent à titre d'indemnité.

» L'esclavage est une institution essentiellement temporaire, cela est certain en droit ; chacun doit, chacun a toujours dû la considérer comme telle. Mais en fait, il y a eu long-temps méprise à cet égard, et l'erreur des colons est née de l'erreur du législateur lui-même. Non seulement l'état n'a point éclairé les colons sur la vraie nature de l'institution qu'il fondait, mais depuis sa fondation jusqu'à ces derniers temps, il a toujours agi, toujours parlé dans l'hypothèse de la nécessité, de la perpétuité de l'esclavage. Cette idée respire dans toutes les déclarations de nos rois.

---

(1) Rapport de M le duc de Broglie, p. 236. — (2) *Ibid.*, 268.

» L'état ne s'est pas borné à faire partager aux colons son illusion sur ce point ; il ne s'est pas contenté de leur offrir, à la faveur de cette institution, un placement de plus pour leurs capitaux ; il n'a rien négligé pour engager, pour entasser les capitaux français dans cette voie : les encouragements, les primes, les immunités, ont été prodigués à l'envi pour les inviter à ne point rester sourds à cet appel.

» Par ces divers motifs nous avons pensé non seulement qu'il était équitable et raisonnable d'allouer une indemnité aux colons en considération de la perte de leurs noirs, mais que cette indemnité devait être proportionnée au dommage direct et appréciable que l'abolition de l'esclavage leur ferait éprouver. »

Le principe de l'indemnité n'a jamais été contesté ni en Angleterre ni en France.

L'ami et le successeur de Wilberforce, le chef du parti abolitioniste, *M. Buxton* (1) :

« Il eût été facile pour les ministres de se rendre populaires à bon marché en cédant de suite aux vœux du peuple, en lui donnant l'émancipation aux dépens d'autrui ; ils ne l'ont pas voulu, et je les en félicite ; ils nous ont dit : *Vous aurez l'émancipation, mais pour l'avoir il faut que vous la payiez.* »

---

(1) Séance de la Chambre des communes du 29 juillet 1833.

M. Canning (1) : « Je viens accomplir un grand acte de justice nationale, mais il ne faut pas qu'il s'accomplisse aux dépens d'une seule classe de citoyens. »

Lord Stanley (2) : « Faut-il que les colons d'aujourd'hui supportent seuls la réparation de l'iniquité commise envers les noirs et sanctionnée par la législation d'Angleterre (3)?

» Ne serait-ce pas réparer une iniquité par une iniquité? »

Lord Ripon, ministre (4) : « Quoique la propriété de l'homme sur l'homme soit contraire aux lois de l'humanité, cependant, la loi du pays l'ayant reconnue, l'état étant en quelque sorte complice, l'état ne peut être déchargé de sa part dans la réparation. »

Lord Grey, sir Robert Peel, MM. Charles Buller, Joseph Hume, whigs, torys, radicaux, tous se sont accordés sur la nécessité d'une indemnité.

Lord Stanley (5) déclara « que, sans l'indemnité, il

---

(1) Séance du 15 mai 1823.

(2) Séance du 29 juillet 1833.

(3) Actes du parlement passés sous les règnes de Guillaume III et de George III.

(4) Séance de la Chambre des lords du 4 juin 1833.

(5) Séance du 10 juin 1833.

n'aurait pas proposé le bill d'émancipation ; qu'*il aurait manqué à l'honneur* en le proposant, et que, l'indemnité refusée, le bill serait par lui retiré. »

Trois fois le parlement anglais a consacré le principe de l'indemnité.

Dans sa résolution du 15 mai 1823, il déclare que l'abolition de l'esclavage ne portera point atteinte *aux droits légitimes des propriétaires.*

Il le déclare derechef dans sa résolution du 25 juin 1833.

Enfin, dans l'acte du 28 août 1833, article 24, on lit :

« Le parlement, afin d'indemniser les personnes qui ont actuellement des droits aux services des esclaves, met à la disposition de Sa Majesté une somme de 20,000,000 sterl. (500,000,000 fr.). »

L'opinion du peuple anglais était conforme à l'opinion de son parlement.

Lord Althorp, ministre, attestait (1) : « que presque toutes les pétitions adressées aux deux chambres reconnaissaient la justice de l'indemnité. »

Je regrette que la plupart des pétitions soient muettes au sujet de l'indemnité.

Ce n'est pas là une de ces questions qu'on peut pas-

____

(1) Séance de la Chambre des communes du 11 juin 1833.

ser sous silence, et j'adresserai aux abolitionistes les paroles de Buxton :

« Vous voulez l'émancipation, mais pour l'avoir il faut que vous la payiez. »

Le gouvernement n'a point gardé le même silence que les pétitionnaires ; il a toujours reconnu la justice de l'indemnité, notamment dans la séance de la chambre des députés du 16 février 1838.

M. le Ministre de la marine et des colonies disait dans la séance du 2 juin 1845 :

« A la suite de l'application de cette loi, après un délai *plus ou moins long*, quand le jour de procéder à une émancipation générale sera arrivé, il est parfaitement établi, dans l'esprit de chacun des membres de cette chambre, comme dans l'esprit du gouvernement, qu'il serait impossible d'y procéder sans une indemnité largement réglée. » (Sensation.)

Les colons prennent acte de ces paroles ; et, quoiqu'ils demandent l'indemnité non comme une faveur, mais comme un droit, ils en sont reconnaissants.

La commission des affaires coloniales a fixé les bases et le chiffre de l'indemnité ; on lit dans son rapport (1) :

« Reste uniquement à déterminer l'étendue du dommage direct, appréciable, qui retombera exclusivement

---

(1) Rapport du duc de Broglie, p. 274.

sur les colons; en d'autres termes, reste à évaluer en argent le privilége que l'émancipation leur enlève, l'avantage qu'ils perdent en rentrant dans le droit commun.

» Cela n'est ni compliqué ni difficile. La valeur vénale de chaque noir représente exactement le bénéfice que le maître de ce noir tire de sa position de maître, de ses rapports avec son esclave.

» En remboursant aux maîtres la valeur vénale de leurs noirs, on les indemnisera de leur perte directe, appréciable, personnelle, au prorata de cette perte estimée par eux-mêmes.

» L'étendue du sacrifice qu'exigera ce remboursement dépendra de la valeur moyenne des noirs de tout sexe et de tout âge dont se compose la population servile de nos colonies, multipliée par le nombre de ces mêmes noirs.

» La moyenne relevée dans les dix-neuf colonies anglaises sur les prix de ventes opérées de 1822 à 1830 a été de 1,400 fr.; mais il faut observer que les enfants au dessous de six ans, dont le nombre est très grand et le prix très modique, se sont trouvés exclus de la série des éléments qui figurent dans cette moyenne, attendu que les enfants au dessous de six ans étaient déclarés libres par l'acte d'émancipation, sans aucune indemnité; en faisant rentrer cet élément dans la formation moyenne, selon toute apparence elle ne dépasserait pas 1,200 fr.

» Quant au nombre des esclaves de tout sexe dont se

compose la population servile de nos colonies, il est, d'après les derniers recensements, d'environ 250,000. En multipliant ce chiffre par le chiffre de la valeur moyenne, on voit que l'indemnité à payer est d'environ 300 millions (1). »

Telle est la somme due pour indemnité aux colons, indemnité qui devrait être payée intégralement et immédiatement, si le gouvernement et les Chambres accueillaient le vœu des pétitionnaires en faveur d'une émancipation immédiate.

Je terminerai en rappelant les paroles de M. de Lamartine, qui veut l'émancipation des noirs, mais qui ne veut pas la spoliation et la ruine des blancs :

« Il faut avoir le courage de l'avouer, la propriété des colons est aussi inviolable que la propriété de votre champ (2).

» Il faut préparer avec générosité et sagesse cette grande expropriation pour cause de moralité publique ; il faut que la métropole soit assez juste, assez politique, pour se présenter avec l'indemnité d'une main, et l'émancipation de l'autre (3) !

----

(1) Rapport de M. le duc de Broglie, p. 276.
(2) Séance de la Chambre des députés du 25 mai 1836.
(3) *Ibid.*, 16 février 1838.

FIN.

Imprimerie de GUIRAUDET et JOUAUST, 315, rue S.-Honoré.